ÉTUDE

SUR

SAINT BERNARD

ÉTUDE

SUR

SAINT BERNARD

MÉMOIRE

EN RÉPONSE A LA 20e QUESTION DE LA 4e SECTION DU PROGRAMME
DU CONGRÈS SCIENTIFIQUE DE FRANCE

XXXIe SESSION TENUE A TROYES — AOUT 1864

PAR

F.-A. PERNOT
Artiste Peintre
Chevalier de la Légion-d'Honneur, Officier d'Académie
Correspondant du Comité des travaux historiques près S. Exc. M. le Ministre
de l'Instruction publique
et de plusieurs Académies impériales et Sociétés archéologiques

TROYES
IMPRIMERIE ET LITHOGRAPHIE DUFOUR-BOUQUOT
43 et 41, rue Notre-Dame

M DCCC LXV

ÉTUDE SUR SAINT BERNARD

MESSIEURS,

Pour célébrer après tant de siècles écoulés, près du lieu où Bernard vécut et rendit à Dieu sa belle âme, pour faire connaître cet illustre abbé de Clairvaux, qui souvent, du fond de sa retraite, dictait des lois religieuses aux peuples, dirigeait des rois, des princes, conseillait des pontifes, pour faire l'éloge de ce grand homme qui se montra par son génie toujours supérieur à son siècle, et qui certainement honorerait aujourd'hui le nôtre, il est indispensable de rejeter ses regards sur des époques bien éloignées de nous, et de vous faire connaître en quelque sorte la peinture historique la plus exacte des années qui précédèrent la naissance de Bernard.

Nous devons donc commencer par retracer le plus fidèlement possible, et en quelques mots, une des grandes époques de notre histoire nationale et religieuse, celle, comme le dit Mézeray : « qui restera toujours comme une immense période dans » l'histoire du monde, de quelque manière que l'on juge au- » jourd'hui, et dans la postérité, l'époque des croisades. »

Il n'entre ni dans notre étude, ni dans nos intentions, d'examiner à fond les motifs véritables qui déterminèrent ces guerres saintes qui prirent le nom de croisades; cela réclamerait, pour ainsi dire, la connaissance approfondie et complète des siècles dont elles firent la gloire et bien souvent le malheur.....

Il serait difficile aussi, Messieurs, même en possédant bien des connaissances qui nous manquent, d'assigner une cause unique et décisive aux croisades d'Orient.

MM. de Châteaubriand et Guizot ont vu surtout dans les guerres saintes la conséquence de la lutte engagée depuis quatre siècles, entre le christianisme et les sectateurs de Mahomet.

L'Europe aurait transporté en Asie le théâtre de cette lutte, comme on avait vu les Sarrasins envahir l'Espagne, y fonder un royaume et des principautés.

Ce système historique a certes sa valeur ; mais que de causes vinrent se joindre à l'antagonisme des deux cultes qui alors se partageaient le monde ! « C'est dans l'ensemble de la situation des esprits, dit un auteur savant, dans le dédale des mœurs féodales, dans les différends des princes avec la papauté, tout aussi bien que dans la lutte des deux religions, qu'il faut chercher les éléments constitutifs des guerres saintes (1). »

Voyons, d'après les traditions, d'après les légendes historiques, ce qu'était le monde, et surtout notre patrie, avant la naissance de celui qui devait prêcher une de ces croisades, et faire par ses vertus l'admiration de ses contemporains.

La guerre partout, la force pour seul droit ; barons et chevaliers, seigneurs et sujets souvent révoltés, se faisant justice par l'épée ; le laboureur rançonné, les terres livrées au pillage et nulle garantie contre l'oppression.....

Le christianisme, agité par les longues secousses que venaient de lui imprimer ses désastres regrettables et même ses victoires (2) ; placé dans cette position où chaque enthousiaste voulait trop souvent former de nouveaux cultes avec les débris sacrés de l'Evangile : espèce d'anarchie religieuse, où toutes les opinions engendrent des sectes, et où les hérétiques forcent l'église (encore couverte du sang de ses martyrs) à regretter la hache de ses anciens bourreaux.....

Tel etait ce temps ! « Toutes choses, dit Guillaume de Tyr, alloient dans un si grand désordre, qu'il sembloit que le monde penchoit vers son déclin. »

Ce témoignage est fidèle et les monuments écrits de l'époque, si bien connus, et si appréciés de nos jours, pourraient servir à le confirmer.

Beaucoup d'actes de ce moment terrible commencent par ces mots : *Appropinquante mundi termino ;* on disait qu'un passage fort obscur de l'*Apocalypse* annonçait que le monde finirait mille ans après la venue de Jésus-Christ.

Les chroniqueurs contemporains parlent des astres que les

(1) *La noblesse de France aux croisades*, par M. Roger, 1845, pag. 20.

(2) L'abbé Maury.

peuples, dans leurs terreurs et leurs croyances trop naïves, « s'attendoient à voir se détacher du firmament pour réduire en cendres la terre entière (1). » Et lorsque le pape Urbain II prêcha la croisade, la crainte qu'inspiraient ces prophéties durait encore. Enfin, une foi vive, mêlée à une terreur profonde, remplissait les cœurs, et le mouvement soudain, qui entraîna ces populations craintives, dut être bien irrésistible, puisque les Allemands (quand saint Bernard, dont nous allons essayer de vous faire admirer le génie, prêchait la seconde croisade) « se frappoient la poitrine, versoient d'abondantes larmes, bien qu'ils n'entendissent point la langue que saint Bernard leur parloit. »

Avant lui, Urbain II (2), au concile de Clermont, disait à ces populations à demi civilisées..... « Vous qui fûtes si souvent la terreur de vos concitoyens, vous qui vendez, pour un vil salaire, vos bras aux fureurs d'autrui, armés du glaive des Machabées, allez défendre la maison d'Israël, qui est la vigne du seigneur des armées ; il ne s'agit plus de venger les injures des hommes, mais celles de la divinité ; il ne s'agit plus de l'attaque d'une ville ou d'un château, mais de la conquête des lieux saints ; et si vous triomphez, la bénédiction du ciel et les royaumes de l'Asie seront votre partage. »

Les chroniqueurs des guerres saintes ont retracé d'une façon touchante et franche les émotions qui éclataient depuis le manoir jusqu'à la chaumière, lorsque les chevaliers, et ceux qui les suivaient, quittaient leur famille et leur pays pour se rendre en Orient. « Quand le jour du *Partement* venait, dit Bernard le trésorier, là veissiez grans douleurs, grans pleurs et grans cris... » Cependant on marchait en chantant le *Veni creator spiritus*, et quand on était embarqué le pilote disait aux mariniers : « Faites voiles de par Dieu ! » comme on avait dit quelque temps avant : *Diex el volt*..... Dieu le veut, Dieu le veut.

Nous venons d'entrer, Messieurs, peut-être, dans de bien longs détails, cependant intéressants, car les croisades se lient trop à l'histoire de Bernard et à celle de son siècle, à celle

(1) *La noblesse de France aux croisades*, par M. Roger.

(2) Ce pape se nommait Eudes de Châtillon ; il était français, né en Champagne, dans une très-ancienne petite ville, Châtillon-sur-Marne, près de Reims.

même de notre bien-aimée Champagne, pour n'avoir pas trouvé ci une grande place.

Voilà donc ce qui se passait en Europe et dans notre patrie, dans nos provinces de Bourgogne et de Champagne, au moment où saint Bernard apparaissait.

Au XIIe siècle, la France, qui a donné la première l'impulsion, qui a fourni ces guerriers qui, comme toujours, ont étonné le monde par leur valeur; la France, dis-je, commence à se tranquilliser..., tout reprend sensiblement son cours, et de son sein, comme le proclame un auteur sacré (1), « jaillissent plusieurs fleuves qui arrosent le champ de l'Eglise. »

Ainsi, il y a des hommes que la Providence fait naître à temps parmi les peuples qu'elle aime, quand elle veut les sauver. Celui à qui il appartient d'opérer des prodiges étend de siècle en siècle sa main, quand il le croit nécessaire, pour renouveler la face des choses, et accorder au christianisme un défenseur ou un apôtre.

Il donne la vie à un enfant qui sera doué d'un génie vaste, qui approfondira toutes choses ; il aura une éloquence véhémente quoique douce et persuasive, il entraînera tous les esprits, il aura une sensibilité pénétrante qui s'ouvrira tous les cœurs ; les puissants le consulteront, et surtout l'écouteront et suivront ses conseils. Enfin, il aura assez d'humilité pour consacrer à la religion de ses pères les plus riches présents de la nature, les plus rares qualités de l'esprit et les grâces extérieures du corps les plus séduisantes.

C'est dans ce moment où cette *idée nouvelle*, que nous venons de développer, enflamme toutes les classes de la société chrétienne, où tous les peuples, levés comme un seul homme, marchent pour la délivrance de Jérusalem ; c'est dans ce moment même que la fille du noble comte de Montbar, épouse du sire de Técelin, seigneur de Fontaine-lez-Dijon, met au jour (en 1091) celui qui portera le beau nom de Bernard, nom qui aura tant de célébrité et dans son siècle et dans les siècles futurs.

Ne faisant pas proprement dit de panégyrique, n'entrant point dans les détails, délicieux du reste, des jeunes années si pures, si douces et si calmes de celui qui va nous occuper..... nous

(1) L'abbé Ratisbonne, *Vie de saint Bernard.*

franchissons avec rapidité les espaces, et nous le voyons déjà l'homme providentiel donné à sa patrie et aux peuples chrétiens ; puis devenu le plus infatigable défenseur de l'Evangile et de cette religion qui sait élever ce qu'il y a de plus faible, jusqu'au courage et à la magnanimité des âmes les plus généreuses, les plus grandes, les plus dévouées.

Après des succès rapides dans les écoles de grand renom qu'on remarquait surtout à Châtillon, ville peu éloignée de Dijon et de Troyes, puis de cette vallée qui deviendra Clairvaux, nous voyons le jeune Bernard puiser chaque jour, dans la méditation et surtout dans l'Ecriture-Sainte, toute son inspiration et former son beau talent. Il prend avec joie « le joug de celui qui est doux et humble de cœur, il se voue à Dieu pour toujours..... » (1).

C'est alors que nous le voyons encore descendre de toute la hauteur de son génie, pour mettre la familiarité de son élocution de niveau avec l'intelligence des peuples qu'il vient éclairer, régénérer et civiliser, par ses fondations de grands et nombreux monastères (2).

Dans un temps où le goût littéraire est encore incertain, et où il y a cette science scolastique qui enfante quelquefois des systèmes, puis des subtilités frivoles quoique religieuses, qui conduisent ou à l'erreur, ou au schisme, ce grand orateur, fidèle aux anciennes traditions, et pénétré de la sublimité des pères de l'Eglise et des écrivains sacrés, ne se laisse point entraîner, et il prêche simplement l'Evangile; il aspire plus à produire un mouvement de piété qu'à étonner par le fracas d'une science et d'une rhétorique stériles, trop souvent mondaines.

Il est le même à toutes les grandes époques de sa vie, soit qu'il devienne la lumière des conciles (3), soit qu'il donne des statuts si nobles et si beaux au grand ordre des Templiers dans cette ville même de Troyes, qui doit s'enorgueillir d'un si beau, d'un si grand souvenir.

(1) Saint Bernard prit l'habit à Cîteaux, à vingt-trois ans.

(2) St Bernard fonda jusqu'à cent soixante monastères. (*Dictionnaire biographique et historique.*) Il fonda Troisfontaines dans le diocèse de Châlons, Fontenay dans le diocèse d'Autun, et Jully dans le diocèse de Langres ; c'est là que sa sœur Hombeline fit profession en 1124.

(3) St Bernard assiste aux conciles de Troyes, d'Etampes, en 1130 ; — de Reims, de Pise, de Sens, de Vézelay pour la croisade, et de Trèves. (Auteurs divers.)

N'oublions pas ses admirables correspondances si variées dans leur but et dans leurs sujets, correspondances qui doivent le placer à la tête des plus grands écrivains, on pourrait même dire des premiers législateurs sacrés des nations.

Ainsi, la Providence voulant marquer tous ses pas par des monuments dignes d'elle et de lui, permet que de toute part on vienne le trouver dans sa retraite de Clairvaux où il croit se cacher au monde. Hélas ! il ne fait qu'illustrer son asile, et il devient, presque à son insu, l'instituteur, le fondateur et le maître suprême de ces célèbres et grands monastères dont il rehausse l'éclat religieux.

Vous le saviez, grands, beaux et anciens asiles de Citeaux, de Cluni, de Clairvaux, de Morimond, de Troisfontaines..... hélas ! disparus du sol de la patrie et emportés par la tempête..... vous le saviez, quelles avaient été sa gloire, son mérite, sa sainteté, sa supériorité !

Que de choses à dire, que d'actions à louer pendant toute la vie merveilleuse de saint Bernard ! tout serait un éloge.

Cependant, parmi tant de beaux traits, j'en vois un qui montre la sensibilité la plus admirable ; il doit être proclamé dans cette cité même, près de cette belle cathédrale qui renferme, outre les cendres de ses grands évêques, celles du prince auquel Bernard s'adressa pour faire réparer une injustice involontaire.

Le comte de Champagne Thibaut, prince juste et vertueux, avait, par suite de faux rapports, ordonné la confiscation des biens d'un de ses vassaux ; et sans vouloir entendre de justification, il le bannit ete réduisit à une telle misère que sa femme et ses enfants durent mendier leur pain.

Ce malheureux vassal, nommé Humbert, avait vainement épuisé toutes les tentatives pour apaiser le prince trompé ; il vint enfin à Clairvaux et supplia le saint abbé de s'intéresser à son sort. Voici la lettre admirable (1) écrite par saint Bernard, après avoir tenté, près du prince, des démarches qui n'eurent aucun succès :

« Je suis sensible à l'intérêt que vous avez pris à ma maladie,
» parce que l'amour que vous avez pour Dieu vous l'a inspiré.
» Cependant, j'ai lieu d'être surpris de ce que aimant Dieu, et

(1) Saint Bernard, épître 27.

» m'aimant pour Dieu, vous me refusiez une grâce que Dieu » seul m'avait inspiré de solliciter. Certes, si je vous avais de- » mandé de l'or ou de l'argent, ou quelqu'autre faveur de ce » genre, vous ne m'auriez point refusé..... pourquoi donc me » jugez-vous indigne d'une grâce que je sollicite moins dans » mon intérêt que dans le vôtre?..... Ignorez-vous cette me- » nace que Dieu vous fait : *Le temps viendra où je jugerai les* » *justices ?* à plus forte raison les injustices ; ne craignez-vous » pas ce qui est écrit : *Vous serez mesuré à la mesure dont vous* » *aurez mesuré les autres ?* Doutez-vous qu'il ne soit plus facile » à Dieu de dépouiller un prince qu'il n'est facile à un prince » de dépouiller son sujet ? »

Cette lettre produisit un effet immédiat. Le comte de Champagne examina mieux l'affaire et fit bonne justice.

Tant de vertus et de qualités éminentes, consacrées à Dieu, à l'église, à ses frères en Jésus-Christ, à sa patrie, ne purent rester cachées; tous les regards se portèrent sur saint Bernard, et le voilà mêlé aux principaux événements même politiques de son temps.

On le voit donc grandir comme un astre à l'horizon de son siècle (1). Ses nombreux voyages, comme sa correspondance dont nous avons déjà parlé, constatent les relations qui se formaient entre lui et les principaux personnages de son époque, non-seulement de France, mais d'Italie, de l'Allemagne, du Portugal et même de l'Asie.

Le monastère de Clairvaux était devenu la terre sainte (2), où la curiosité aussi bien que la piété attiraient une foule d'étrangers illustres ; on venait contempler, au sein de la France, les anciennes merveilles du désert, mais surtout le jeune abbé, cette figure ravissante, pleine d'une noblesse exquise qui captivait les âmes.

Il avait toujours, dit un écrivain de son temps, « des conso- » lations pour les affligés, des secours pour les opprimés, des » conseils pour les esprits inquiets, des ressources pour toutes » les nécessités, un baume pour toutes les maladies. » En effet, Messieurs, il y a un genre d'instruction spécialement prescrit aux pasteurs des peuples, qui sont appelés à plusieurs

(1) L'abbé Ratisbonne, *Vie de saint Bernard,* tom. I.

(2) *Idem.*

fonctions, puisqu'ils sont, comme l'abbé de Clairvaux, la lumière qui éclaire. Ces hommes apostoliques ne peuvent parler qu'avec la simplicité de la loi sainte : le sentiment doit couler de leurs lèvres paternelles ; le zèle est leur premier talent, et le ministère saint leur défend de se dégrader par des recherches d'une éloquence humaine.

De même, une juste convenance excitait Bernard, si instruit, à condamner ces ornements inutiles et souvent profanes que les fondateurs des églises, et les architectes de son temps, laissaient trop facilement introduire, sans nécessité, dans ces beaux monuments si religieux du moyen-âge.

O moments à jamais précieux pour l'église romaine, qui est la vérité laissée sur la terre !.... où Bernard, pris pour arbitre, décide lui seul quel est le vrai pontife, et fait cesser un schisme qui se prolonge trop longtemps pour l'homme dans la chrétienté, je veux parler du différend d'Innocent II et d'Anaclet II. A cette occasion, un concile fut décidé et convoqué dans la ville d'Etampes. Le roi Louis VI écrivit lui-même à l'abbé de Clairvaux, qui écouta le monarque et ne balança point à la vue des périls de l'Eglise. Il vint donç à Etampes où se trouvaient déjà le roi, les princes et les évêques qui l'accueillirent comme un ange de Dieu : ce sont les propres paroles des historiens.

Tous, après avoir célébré un jeûne solennel, prirent séance et convinrent, d'un commun accord, qu'il fallait, dans cette grave question, s'en rapporter à l'homme dont la parole était aux yeux de tous le témoignage de la volonté divine.

Bernard n'acceptant cependant qu'avec tremblement (disent les auteurs du temps assistant au concile), examine avec impartialité les titres des deux élections, la qualité des électeurs, le mérite des élus.

Il parle lui seul au nom de tous, et tous l'écoutent comme l'organe de l'Esprit saint..... Puis, après qu'il eut proclamé qu'Innocent II était le véritable pape et le chef souverain de l'Eglise, l'assemblée tout entière se leva et confirma, par ses acclamations, le choix de saint Bernard et les droits du pontife légitime..... On ne peut, Messieurs, s'empêcher de dire : quelle belle, quelle grande figure que celle d'un pauvre moine de Clairvaux, sans autre force que celle qui lui a été donnée d'en haut, qui vient pour ainsi dire, comme son divin maître (1),

(1) L'abbé Ratisbonne, déjà cité.

« commander aux flots et à la tempête, et nulle puissance ne résiste à la voix de l'envoyé de Dieu. »

Aussi, nous la trouvons toujours, en continuant notre étude, cette grande et imposante figure, toujours la même, dans les différentes situations de sa vie..... Tout ce qui sortait de la plume du saint ou de sa bouche, sortait d'abord de sa belle âme si aimante pour les siens.

Ainsi, dans les grandes réunions des princes, où se réglaient les intérêts temporels du moyen-âge, s'il y mêlait sa voix pacifique, c'était pour obéir à un mouvement de sollicitude chrétienne et apostolique, et pour plaider, comme nous l'avons déjà vu, la cause des innocents, des malheureux et des coupables repentis. Sa politique était celle d'un véritable ministre du Seigneur, politique de modération, de justice et de charité. Il le fit bien voir à l'occasion des Juifs d'Allemagne poursuivis injustement, et pendant ses voyages dans ces contrées si historiques.

Ces mêmes sentiments respirent dans ses lettres admirables pour les conseils qu'il donne tantôt au chef d'un royaume, tantôt à des pontifes, puis à de simples moines et à sa sœur Hombeline, simple religieuse, pieuse et douce comme son frère.

Il faut le dire, la religion impose à ses apôtres des sacrifices, des vertus surnaturelles. De plus, si elle les charge d'instruire ses enfants, elle leur ordonne, à ces apôtres, de combattre ses ennemis, et d'éclairer, surtout avec charité, dans leurs erreurs, les schismatiques entraînés le plus souvent par un orgueil de science que la vraie et pure religion condamne. Aussi, ce nom si célèbre de Pierre Abeilard, de cet homme aussi extraordinaire par l'éclat de son enseignement que par ses malheurs, ce nom doit être au moins prononcé ici. L'histoire de ses doctrines combattues et condamnées par saint Bernard, devant le concile de Sens, celle de ses calamités forment, il faut en convenir, le grand épisode émouvant et dramatique du XIIe siècle.

Quelle belle page encore en faveur de saint Bernard, lorsque l'on voit son antagoniste, cet Abeilard, si fier de son savoir, faire un retour sincère dans les saintes voies du salut, — déclarer hautement, selon qu'il est écrit : « *qu'en parlant beaucoup, on ne peut éviter de pécher;* » puis dire qu'il veut aller se prosterner, à Rome, aux pieds du saint pontife, le père des fidèles. Cependant, docile à l'inspiration de Dieu, avant ce voyage, il va ouvrir sa conscience à Pierre le Vénérable, le savant abbé de Cluny. « Il s'attache aux lieux où il retrouvait la paix; il y demande un azile; et las des disputations de l'école (disent les chroniques de Cluny), dégoûté des vains applaudissements qui avaient gonflé son orgueil, il détourne sérieusement ses regards des choses de la terre pour établir, comme saint Paul, sa conversation au ciel. » Pierre de Cluny, dont la charité tendre et pleine de délicatesse avait puissamment contribué à cette conversion, conduisit Abeilard auprès de saint Bernard, et mit le sceau à sa médiation évangélique, en réconciliant ces deux grands hommes qui, depuis lors, se donnèrent, jusqu'à la mort d'Abeilard, des gages d'affection et d'estime.

Messieurs, ces choses si intéressantes se passaient presque aux portes de l'antique ville de Troyes.

Nous avons, je le pense, assez parlé des croisades, sous le rapport de leur influence, de leur réussite ou de leurs malheurs; nous devons encore, cependant, vous en parler, parce que, au milieu d'une calamité sans pareille, en Orient, après la conquête sacrée qui allait échapper des mains des faibles descendants de Godefroy de Bouillon, c'est encore à Bernard que l'on va s'adresser; c'est à la sagesse du saint abbé de Clairvaux qu'on va s'en rapporter, en le priant de renouveler au sein de la chrétienté, pour ainsi dire, le prodige de Pierre l'Ermite. Le pape Eugène III ne pouvant présider en personne l'assemblée de Vézelay, délègue, pour remplir cette mission apostolique, l'homme dont l'autorité était si saintement établie.

Les ordres du Saint-Siége accablèrent de frayeur l'humble moine de Clairvaux; il avait atteint, à cette époque, la cinquante-quatrième année de son âge; sa santé était faible, mais il était courageux et devait vivre encore neuf ans dans son cloître bien-aimé; il vint donc à Vézelay, et, au milieu d'une solennité imposante, il voulut appuyer de sa parole puissante cette *guerre sainte* qui ne devait pas répondre à l'attente des hommes bons et religieux, et être moins heureuse encore que la première.

Saint Bernard, fortifié de l'autorité apostolique et de sa propre sainteté, monte sur une estrade construite sur le flanc de la montagne qui domine la plaine de Vézelay. De là il contemple autour de lui une multitude qui n'a pas encore généralement reconnu l'opportunité de la croisade, mais qui est docile à tous les mouvements de son éloquence;..... ses auditeurs sont plongés d'abord dans le recueillement d'une attention profonde, mais tout-à-coup l'enthousiasme éclate par des applaudissements redoublés, c'est à peine si le prédicateur peut achever la lecture de la lettre encyclique du Pontife..... un cri général l'interrompt :

« La croix..... la croix..... Dieu le veut. » Alors, élevant la voix avec force, il fit entendre les accents plaintifs de la ville sainte, et conjura les princes des Gaules et les peuples chrétiens de s'armer pour la défense du tombeau de Jésus-Christ... Enfin le mouvement est donné, l'enthousiasme ne fait qu'accroître, et l'esprit de Dieu, par l'organe de Bernard, a prévalu et triomphé.

Nous ne pouvons plus rien ajouter d'aussi grand, d'aussi concluant, pour terminer notre étude, sans doute bien imparfaite, mais consciencieuse, sur celui dont le beau caractère eut une influence telle dans le monde, qu'elle existe encore de nos jours.

Nous admirons surtout, dans cette histoire si intéressante, si belle, ce que firent, à une époque que bien des critiques injustes croient ignorante et barbare, les grands, les puissants de l'époque, pour respecter et élever en gloire le grand homme, le saint si justement apprécié, et nous nous écrions : « O rois de la terre, illustres personnages qui dirigez le sort des nations, les honneurs que vous répandez sur les esprits supérieurs ne sont jamais perdus pour vos Etats et vos gouvernements ! Aussi, avec quel bonheur nous avons admiré, dans cette belle cité de Dijon, si riche en souvenirs et en monuments superbes, l'image imposante et simple à la fois (1), rappelant les traits si purs, l'inspiration religieuse si empreinte du feu sacré du plus grand homme du XIIe siècle !.....

Honneur ! mille fois honneur aux arts qui, après tant d'années, de siècles écoulés pour jamais, illustrent ainsi le génie et la vertu ! Bernard annonçait déjà, pour ainsi dire, de son temps, la venue d'un orateur divin, qui un jour dirait, dans le plus éloquent langage qui soit donné à l'homme d'écouter ici-bas, la vérité aux puissants de la terre, et ce qu'est le néant des grandeurs royales, en face de la mort et d'un cercueil..... Heureuse, heureuse la belle patrie qui donna le jour à Bernard, puis à Bossuet ! Que j'aime à me représenter l'évêque de Meaux portant avec

(1) Statue en bronze, par M. Jouffroy, membre de l'Institut, né à Dijon.

lui dans ses voyages les écrits de saint Augustin et de saint Bernard ! Je le vois se pénétrer profondément des sublimités de ces esprits délicats, pour conférer avec ses contemporains, tracer ses pages immortelles, ramener ceux qui étaient dans le doute ou l'erreur, saisir l'ensemble de cette religion divine qui ne vieillit pas, catéchiser les petits, et instruire les princes et les rois et les puissants du monde.

Salut ! ô génie du christianisme, salut à toi qui comptas toujours au nombre de tes plus belles conquêtes le royaume de Clovis, de Charlemagne et de saint Louis. C'est toi qui dictas à tous les écrivains sacrés, religieux, savants modestes et dévoués de notre belle France, leurs pages éloquentes, monuments durables d'une gloire pure et sainte, que toutes les faveurs de la fortune et toutes les rigueurs de l'injustice ou de l'ingratitude, ne sauraient ni éclipser, ni affaiblir !.....

Salut ! Achève maintenant ton ouvrage, couronne plus que jamais nos vœux, nos désirs sincères et désintéressés, étends sur nous ton triple sceptre, celui de la vérité, de la morale et de la vertu. Confirme avec nous le pacte de ton alliance ; prête-nous ton assistance..... et verse sur nos réunions, toute la chaleur de ton onction ; Pénètre, encourage, inspire ; opère en nous les merveilles des beaux jours qui virent saint Bernard !

Enfin, fais revivre dans cette phalange d'élite et sacrée, qui marche sur ses traces, dans les voies pures de l'épiscopat et du sacerdoce, les admirables vertus que nous avons dans notre faiblesse osé étudier, exalter ; donne-leur une part de ce génie sublime, l'honneur du XIIe siècle, dont la Bourgogne, la Champagne et le moyen-âge sont si fiers et se glorifient, et que le monde entier admire !

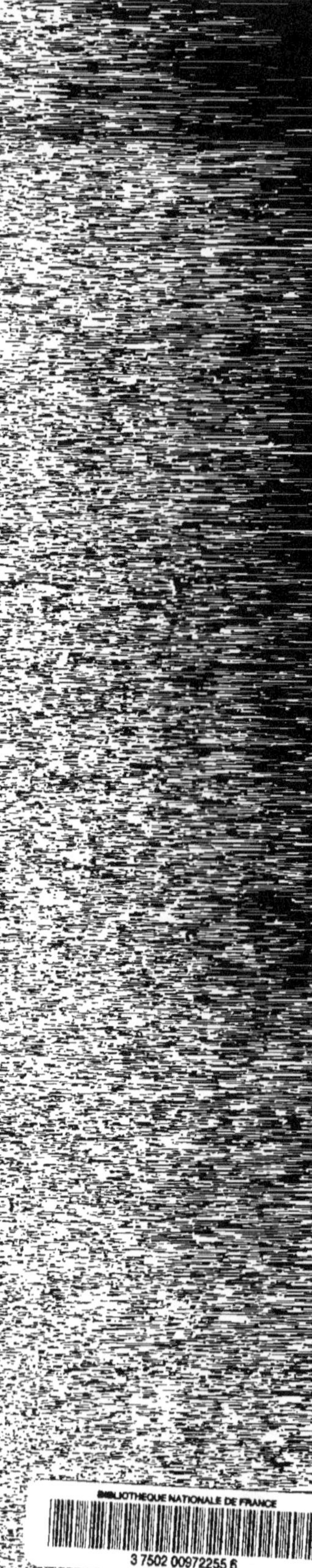

www.ingramcontent.com/pod-product-compliance
Lightning Source LLC
LaVergne TN
LVHW010312230826
846091LV00007B/3123

* 9 7 8 2 0 1 1 7 6 7 9 1 2 *